REFRANES DE MI ISLA!

Recopilado por:
Gladys Landing-Corretjer

con la colaboración de los amigos de la
Isla de El Encanto

Author's Tranquility Press
ATLANTA, GEORGIA

Gladys Landing-Corretjer / Author's Tranquility Press
3900 N Commerce Dr. Suite 300 #1255
Atlanta, GA 30344, USA
www.authorstranquilitypress.com

Información sobre pedidos:
Ventas en cantidad. Hay descuentos especiales disponibles en compras por cantidad realizadas por corporaciones, asociaciones y otros. Para más detalles, comuníquese con el "Especial Departamento de Ventas" en la dirección arriba indicada.

Refranes de Mi Isla! / Gladys Landing-Corretjer
Paperback: 978-1-964810-96-6
eBook: 978-1-964810-97-3

PREFACIO

No importa en que rincón del mundo nos encontremos siempre hay algo que nos recuerda a la isla donde nacimos. Este proyecto comenzó de manera casual, publicando uno que otro refrán en Facebook. Una amiga muy querida, "me dijo haz un libro de refranes". Lo pensé mucho y le pedí a Dios que me iluminara si era Su voluntad que yo me embarcara en este proyecto.

Después de varios meses y en medio de la pandemia fatídica, (COVID 19); la idea comenzó a tomar forma. Una tarde en mi balcón a 65 días de mi cumpleaños #65, comencé a pensar en la herencia que el Señor me ha dejado disfrutar con mi familia. También pensaba en las actividades que formaron la persona que hoy soy. En mi cabeza y corazón había sentimientos encontrados. A mí me hubiese gustado hacer tremenda fiesta para mi cumpleaños pero con la pandemia, esas posibilidades eran muy remotas. Así que agarré un lápiz y una libreta y los refranes de mi niñez resurgieron a mi consciente. En término de una hora ya había recordado 109 refranes!!!! De esa actividad tan simple, surgió la idea de crear una pagina en Facebook en la cual un grupo de mis amigos y yo discutimos los refranes que nos habían influenciado desde niños.

Este es el producto de la interacción del grupo: Refranes de mi isla! Este grupo está compuesto de amigos Puertorriqueños que provienen de distintas partes de la isla y están entre las edades de 60-75 años! Cómo nos divertimos al recordar! Miembros de este grupo se entusiasmaron y me estimularon a recopilar estos refranes.

Los amigos de Refranes de mi Isla, y yo, esperamos que disfruten esta recopilación.

He aquí la lista de los pueblos de los amigos que participaron en orden alfabético:

Aguada

Aibonito

Bayamón

Cataño

Corozal

Dorado

Juana Díaz

Juncos

Mayagüez

Naranjito

Ponce

Río Piedras

Rincón

San Juan

Santa Isabel

Trujillo Alto

Vega Baja

Categorías

Advertencias

Avaricia, Envidia, Justicia y Venganza

Belleza física

Comunicación

Decisiones

Derivados de canciones y/o comerciales

Finanzas-Economía

No tienen explicación: el significado es obvio

Origen Bíblico

Problemas en general

Que es un refrán?

Un refrán (dicho o proverbio), es una frase que se convierte en popular por tradición oral. Esta frase expresa un pensamiento moral, que a su vez, se trasmite por generaciones en forma de advertencias, consejos o enseñanzas. Muchas de nuestras familias en la isla educaron a sus hijos y nietos mediante el uso de estas frases.

Instrucciones para "sacarle el jugo" a este libro

Hay varias maneras en que puedes leer y disfrutar de este proyecto:

1. Léelo de una sentada, te ríes y lo guardas.

2. Léelo por categorías: vas a encontrar que hay refranes que pertenecen a distintas categorías. Te van a poner a pensar.

3. Lee cada categoría por separado y en el espacio en blanco escribe los refranes que vengan a tu memoria.

4. Finalmente, puedes leerlo y compartirlo con tus hijos y nietos, de esa manera contribuirás a que nuestra cultura continue viva.

5. Haz todas las alternativas anteriores! Así lo disfrutaras mas!

Honor a quien honor merece

1. Nosotros no podríamos disfrutar de estos refranes sin la colaboración de nuestros padres, abuelos, y vecinos. En la comunidad Puertorriqueña donde la mayoría de nosotros crecimos, tanto nuestra familia como nuestros vecinos, y los padres de nuestros amigos tenían el deber y responsabilidad de educarnos. Por eso no nos pareció extraño cuando amigos del mismo barrio, compartieran los mismos refranes. Sin embargo, hay que añadir que aunque en el barrio compartíamos los mismos refranes, en el barrio vecino tal vez eran diferentes. Eso nos indica que aunque nuestra isla tenga unas dimensiones de 100 X 35, no somos totalmente homogéneos. Disfrutamos de variedad y color en todo lo que hacemos y decimos.

2. A cada uno de los amigos que participaron de esta actividad cultural y social les agradezco infinitamente su participación y el apoyo que le han dado a este proyecto. Su contribución ha sido muy valiosa y para la posteridad. !Que viva nuestra Isla del Encanto!

Advertencias:

A cada lechón le llega su nochebuena. Eso es para que no nos preocupáramos del mal que otros hacían. Dios se hará cargo.

A camarón que se duerme se lo lleva la corriente. Está atento a tus propias situaciones y necesidades porque si no, se te hará tarde y no lograrás lo que estabas deseando.

A mal tiempo buena cara. Este refrán llama a ser positivo y a tener esperanza, pues con buena actitud podemos cambiar una situación difícil en una lección que nos beneficie.

Al que no quiere caldo se le dan tres tazas: esta es la ironía que se dice cuando recibimos en abundancia algo que no nos gusta.

Atente *a pan y no comas queso.* En otras palabras ponte listo.

Ave de mal agüero este refrán se usa mucho cuando la persona es negativa. También para la gente que trae malas noticias.

Cría cuervos y te sacaran los ojos. Se refiere a la ingratitud de las personas.

Cuentas claras conservan amistades. Es una advertencia clara: más vale no hacer negocios entre amigos.

Dime con quién andas y te diré quién eres.

Distancia y categoría: Hay que mantener la distancia de personas que no nos convienen, porque están en una categoría diferente. (guarda la distancia de personas que lo saben todo, nunca se equivocan, te hacen sentir inferior) De todos modos hay que reconocer que trae un consejo.

Dos jueyes machos, no caben en la misma cueva, indicativo de que siempre van a estar peleando y/o discutiendo.

El que a buen árbol se arrima, buena sombra lo cobija. Según escojas tus amistades serán las cosas buenas o malas que te sucederán

El que esculca en yaguas viejas, encuentra cucarachas. Este refrán es para prevenir tal vez un disgusto, cuando por averiguao' encuentres algún secreto escondido.

El que mucho abarca, poco aprieta. Se refiere a las personas egoístas y avaras que lo quieren tener todo y a la larga se quedan sin nada.

El que peca a sabiendas al diablo se encomienda.

El que solo la hace, solo la paga.

El que juega por necesidad, pierde por obligación. Se dice de la gente que juega la lotería porque tiene una necesidad que tiene que cubrir. Más vale ahorrar el dinero y no desperdiciarlo en el juego.

El que se va de Sevilla, pierde su silla. Si te vas de tu lugar de privilegio, cuando regreses, ya otro esta ocupando tu sitio.

En boca cerrada no entran moscas: es mejor callar que equivocarse; más vale pensar antes de hablar.

En guerra avisada no muere gente.

Guarda pan pa' mayo y malojo pal caballo: nos exhorta a ser precavidos cuando las finanzas están buenas.

Hablando la gente se entiende. En vez de pelear o discutir, es mejor hablar las cosas con calma.

La sotana, no hace al cura, indica que porque el cura lleve sotana, no quiere decir que es confiable o es de fiar.

La soga parte por lo más fínito se dice para indicar que cuando en un equipo se comete un error, o el trabajo está incompleto, usualmente se culpa al nuevo, el más débil, o a el que no tiene apoyo.

Más vale estar solo que mal acompañado. Es mejor estar solo que acompañado de gente hipócrita y bochincheros.

Martes, ni te cases, ni te embarques, ni de tu familia te apartes.

Nadie aprende por cabeza ajena: Este refrán es bien importante. Nos explica el valor del trabajo. Mi familia usaba ese refrán para referirse a que el aprendizaje dependía de nosotros mismos, de nuestro esfuerzo y era nuestra responsabilidad.

No se puede tapar el cielo con la mano: se usa cuando se quiere ocultar alguna situación para que los demás no se enteren pero que es tan obvio que es imposible de ocultar.

No por mucho madrugar amanece más temprano. A veces nos precipitamos y queremos hacer que las cosas ocurran rápido y nos salen mal. Se nos olvida que quizás si planeamos mejor lograremos alcanzar los resultados deseados.

No te duermas en las pajas. Puede referirse a ser vago. En casa lo usaban para que fuéramos "aguzados", listos!

No te llenes los ojos. Advertencia en contra de la avaricia.

No todo lo que brilla es oro: invita a desconfiar de las apariencias y, en su lugar, valorar la sustancia de las personas y el mundo que nos rodea.

Tanto va el gato al molino hasta que deja el rabo en el camino. Es una lección para desobediencia. Ejemplo: no sigas corriendo que te vas a caer. Y te caes. No sigas bebiendo que vas a emborrachar. Y te emborrachas. Y no aprendes. Sigues repitiendo errores

Té conozco bacalao, aunque vengas disfraza'o. Esto es para las personas que quieren pasarse de listos.

Avaricia, Envidia, Justicia y Venganza

A todo lechón le llega su Nochebuena. No te preocupes del mal que otros hacen. Dios se hará cargo.

A quién Dios se lo da, San Pedro se lo bendiga. No envidies a nadie.

El que mucho abarca, poco aprieta.

El que aquí la hace, aquí la paga.

Más vale pájaro en mano que ciento volando: Trabaja con lo que puedas tener a tu ritmo, y no te preocupes por lo demás . Como tienes las manos ocupadas no podrás alcanzarlos, y lo perderás todo.

Ojo por ojo diente por diente, se refiere a la venganza; causando el mismo daño que el individuo recibió. Tiene origen Bíblico en el Viejo Testamento (Exodos 21: 24y en el Nuevo Testamento (Mateo 5:38).

Tanto nadar para morir en la orilla. Tanto esfuerzo que haces por algo y al final no sirve de nada.

Belleza física:

La suerte de la fea, la bonita, la desea: La belleza exterior no es lo mas importante, cultiva tu interior.

La mona, aunque se vista de seda, mona se queda. Se refiere que cada uno es como es, y no se puede ocultar o cambiar con cambios externos o cosméticos.

No eres linda que mate ni fea que espante.

Tan linda la jaula y tan feo el pichón: Una persona se puede ver linda por fuera pero en realidad tiene personalidad fea.

Comunicación:

Al pan, pan, y al vino, vino: llama a las cosas por su nombre.

Cuando el río suena es porque agua trae. Se usa cuando hay rumores que resultan ser ciertos.

En boca cerrada no entran moscas: es mejor callar que equivocarse; mas vale pensar antes de hablar.

El que calla otorga: Este refrán se refiere a personas que no presentan ninguna objeción sobre lo dicho o expresado por otra persona, sino, por el contrario, guardan silencio, concediendo la razón al otro.

Hablando la gente se entiende. En vez de pelear o discutir, es mejor hablar las cosas con calma.

La mejor palabra es la que no se dice: cuando es mejor callar para no ofender o desacreditar a alguien.

Más claro no canta un gallo: Cuando una explicación o comunicado no necesita mas explicaciones porque es obvio y el contexto de la situación ayuda en su explicación.

No se puede mencionar la soga en casa del ahorcado. Significa que hay temas que no se pueden mencionar en algunos lugares ni con algunas personas.

Palabras de necio, no llegan al cielo, y las de un necio como tú, menos. Otra versión es A palabras necias oídos sordos.

Por la boca muere el pez. Es un llamado a la discreción, y a no comer en exceso.

Pueblo pequeño, campana grande. En pueblo pequeño las noticias, acontecimientos y hasta secretos se propagan "como pólvora "ó sea, todo el mundo se entera. Otra versión es: *Pueblo pequeño, infierno grande.*

Siempre habla quién menos puede. Se dice de alguien que critica a otro, sin mirarse en el espejo.

Si por mí llueve, que escampe: Cuando alguien habla en tercera persona cuando la persona está al frente de ella. Hablar indirectamente sobre una persona que esta presente, entonces ella contesta: si por mi llueve que escampe.

Tú no tienes vela en este entierro o ¿quién te dió vela en este entierro?. Tu opinión en la situación que se discute, no es bienvenida.

Zapatero a su zapato: cada cual a lo que le compete. Se refiere a la idea de que cada quien debería opinar solamente sobre aquello que sabe, y abstenerse de manifestarse en aquellos asuntos que no le incumben o no entiende.

Decisiones:

Palo si bogas, y palo si no bogas. Para los que siempre están esperando que le digan que lo hiciste bien. Toma tu decisión y vive con ella.

Te peinas ó te haces rolos: se refiere a personas indecisas, toma una decisión y vive con ella.

Salí de guata mala, para meterme en guata peor: Se usa cuando tratas de cambiar tu situación porque crees que es mala, y te metes en otra que es peor. Otra versión con significado parecido es: Cambió chinas por botellas.

Derivados de canciones o comerciales

El que se rasca es porque le pica.

El que se va no hace falta, hace falta el que vendrá.

Estas como Panasonic…anticipando el futuro

La vida te da sorpresas.

Todo es según el color del cristal con que se mira: todo es relativo, condicionado, o interpretado de acuerdo a las experiencias del interlocutor.

Finanzas-Economía

De donde tela si no hay araña: cuando no hay suficiente dinero para gastar. Otras versiones son: *Cuando la rana eche pelo y La piña está agria.*

El que da lo que tiene a pedir se atiene.

El que reparte y comparte, y al repartir tiene tino; siempre deja de contino, para si la mejor parte. Este refrán se explica bien con otro refrán que dice: *La ley the embudo:* lo ancho para mi, lo angosto para los demás.

El que juega por necesidad, pierde por obligación. Se dice de la gente que juega la lotería porque tiene una necesidad que tiene que cubrir. Más vale ahorrar el dinero y no desperdiciarlo en el juego.

Fiao' murió, Mala Paga lo mató. Otra versión es. *Hoy no se fía, mañana si.*

Guarda pan pa' mayo y malojo pal caballo: Este refrán se usaba en casa para que no malgastáramos lo que teníamos. Deberíamos ser precavidos y ahorrar para cuando las cosas no estuvieran tan buenas.

Hay que estirar las piernas hasta donde llegue la frisa. Esto es para los que le gusta gastar en cosas caras sin poder y después están endeudados y sin dinero para otros gastos que sí son necesarios.

Le debe a cada santo una vela: Se refiere a que la persona esta en deuda. Le debe a todo el mundo.

Lo barato sale caro: Es mejor esperar y ahorrar y comprar algo de mejor calidad para que dure.

Músico pago no toca bien. No pagues un trabajo por adelantado.

El significado es obvio

A buena hambre, no hay mal pan.

Al averiguao', embuste con él.

Amigo es un peso en el bolsillo.

A mal tiempo buena cara.

A buen entendedor con pocas palabras basta.

A falta de pan, galletas.

Barriga llena, corazón contento.

Cuando hay hambre, no hay pan duro.

Dime con quién andas y te diré quién eres.

Dime de qué presumes y te diré de qué careces.

Dios castiga sin vara ni fuete.

Donde manda Capitán, no manda marinero.

El que aquí la hace, aquí la paga.

El que da lo que tiene a pedir se atiene.

El que persevera, alcanza.

El que hizo la ley, hizo la trampa.

El que lo hereda no lo hurta.

Es mejor decir aquí corrió, que aquí murió.

El que peca a sabiendas al diablo se encomienda.

El que juega con candela, tarde o temprano se quema.

El que no coge consejo, no llega a viejo.

El que solo la hace, solo la paga.

El que vive de ilusiones, muere de desengaños.

El que siembra vientos recoge tempestades.

El que último ríe, se ríe mejor.

En guerra avisada no muere gente.

Eres dueño de lo que callas, y esclavo de lo que dices.

Es más lento que una caravana de cojos. Es más lento que un suero de brea.

Hijo fuiste padre serás, como lo hiciste así lo verás.

Lo poco divierte y lo mucho enfada.

Más claro no canta un gallo.

Más vale precaver, que tener que remediar.

Más vale malo conocido, que bueno por conocer.

Músico pago no toca bien.

Nadie sabe lo que tiene hasta que lo pierde.

No hay mal que dure cien años, ni cuerpo que lo re-
sista.

Ojos que no ven corazón que no siente.

Pa' lante, pa' tras, ni pa' coger impulso.

Para lo visto, no se necesitan espejuelos.

Quién siembra verdad, cosecha confianza.

Quién solo ríe de sus travesuras recuerda.

Origen Bíblico

Con la vara que midas serás medido: Este es otro refrán que tiene origen Bíblico, nos enseña a no juzgar. Y si nos atrevemos a juzgar a otros debemos tener mucho cuidado porque de la manera que juzgamos a otros, seremos juzgados. En el evangelio de (Lucas 6:37-38) encontramos: "No juzguen a los demás y Dios no los juzgará a ustedes. No condenen a los demás y no serán condenados. Perdonen y serán perdonados. Den a los demás y ustedes también recibirán. Se les dará una cantidad mayor a la que puedan contener en su regazo, aunque se la haya agitado y apretado al máximo, siempre se rebosará. Porque con la misma medida que ustedes midan a los demás, Dios los volverá a medir a ustedes".

Claridad en la plaza y oscuridad en la casa: se refiere a la persona que es todo alegría y complaciente en la calle y cuando llega a su casa son ogros. Este refrán también tiene su base en la Biblia. Lean (1 Timoteo 5:4-8)

Cuídate de ese, que es un lobo disfrazado de oveja. También tiene origen bíblico «Guardaos de los falsos profetas, que vienen a vosotros con vestidos de **ovejas**, pero por dentro son **lobos** rapaces» (Mateo 7:15)

Del árbol caído todo el mundo hace leña: Tiene origen Bíblico (Job 19:21-22) Cuando alguien pierde su autoridad, sufre alguna contrariedad o queda sin protección, puede suceder que los demás traten de sacar provecho de esta circunstancia.

El que no coge consejos, no llega a viejo. Tiene referencia Bíblica Proverbios 1:8.

El que a hierro mata, a hierro muere: es un refrán que da a entender que cada quien recibe el trato que merece de acuerdo a su comportamiento. Parece tener origen bíblico, en (Mateo 26:52) leemos:"Entonces Jesús le dijo: —Vuelve tu espada a su lugar, porque todos los que toman espada, a espada perecerán."

Hay que coger las cosas dependiendo de quién venga. Tiene origen Bíblico, lo encontramos en (1 Tesalonicenses 5:21) "Sométanlo todo a prueba y retengan lo bueno".

Lo que mal empieza, mal termina. Por lo que yo he visto, los que aran iniquidad y los que siembran aflicción, eso siegan. Job 4:8

No hay mal que por bien no venga. Este nos enseña a aceptar la realidad del momento y la anticipación de que algo bueno vendrá. Este refrán tiene base Bíblica en (Romanos 8:28) "Sabemos que Dios obra en toda situación para el bien de los que lo aman, los que han sido llamados por Dios de acuerdo a su propósito".

Ojo por ojo, y diente por diente, se refiere a la venganza; causando el mismo daño que el individuo recibió. Tiene origen Bíblico en el Viejo Testamento (Exodos 21: 24) y en el Nuevo Testamento (Mateo 5:38).

Por sus frutos los conoceréis: un árbol bueno da buen fruto, un árbol malo da un mal fruto. Se usa para que observemos a las personas por sus obras y no por sus palabras. (Mateo 7: 16-20.)

Que no sepa tu mano derecha lo que hace la izquierda: Este refrán lo usaba mucho mi mamá. Ella nos decía que cuando uno hace una obra de caridad nadie debe saber. Este refrán tiene origen bíblico. En (Mateo 6:3-4)" Mas cuando tú haces limosna, no sepa tu izquierda lo que hace tu derecha; Para que sea tu limosna en secreto: y tu Padre que ve en secreto, él te recompensará en público."

Vemos la paja en el ojo ajeno y no la viga que hay en el nuestro. Tiene referencia Bíblica, la encontramos en (Mateo 7:3) "Y por qué miras la paja que está en el ojo de tu hermano, y no echas de ver la viga que está en tu propio ojo?"

Sobre los problemas y la vida en general

A

A caballo regala'o no se le mira el colmillo: agradece lo que te regalan.

A casa de tu tía, y no todos los días: se refiere a que hay que respetar la privacidad de las personas. No te metas a las casas a saber detalles y chismes. Visita poco, aún a tu familia y por poco tiempo.

A donde fueres haz lo que vieres, se usa cuando una persona se muda a un lugar con costumbres diferentes y por necesidad debe adaptarse a tales costumbres. Implica que dicha persona debe ser flexible.

Agua pasada no mueve molinos: no es productivo vivir en el pasado.

Agua que no has de beber, déjala correr: cuando un asunto no te compete, lo mejor es no involucrarse.

Ahora los pájaros le tiran a las escopetas. Se usa cuando un muchacho le contesta de mala forma a una persona mayor.

Álabate pollo, que mañana te guisan: Se le dice a una persona que es vanidosa o que presume de algo que no es cierto.

Algo es algo dijo el calvo: es mejor algo, que nada.

Al que madruga Dios lo ayuda. El que madruga encontrará hacer las cosas más rápido. Y tal vez llegue temprano a su destino

Amigos con muchos, confianza con pocos. No todo el mundo es digno de tu confianza.

¿A quién le amarga un dulce? Nadie rechaza algo agradable.

Al mejor cazador se le va la liebre: Para los que se creen perfectos y cometen algún error.

Al que le caiga el sayo, que se lo ponga: Critica indirecta sobre una persona que no hace lo que tiene que hacer.

C

Cada cabeza es un mundo: este refrán se usa para explicar las diferencias entre las personas aunque provengan de la misma familia.

Cada guaraguao tiene su pitirre: Se refiere a que no hay enemigo pequeño.

Calma piojo, que el peine llega: se usa para personas que siempre andan de prisa.

Cerrar con broche de oro. Terminar una reunión o evento con felicidad.

Chúpate esa en lo que te mondo la otra!: se usa para indicar que debes soportar este insulto, regaño, o derrota, en lo que te dan el siguiente.

Crea fama y échate a dormir: es una forma de decir que una vez que creas una cierta reputación, esa reputación te seguirá y la gente te juzgara de acuerdo a la reputación que creaste.

Cuando la gata no está los ratones hacen fiesta. Se refiere a cuando la figura de autoridad est ausente, los miembros del grupo se relajan de tal modo que no cumplen de sus deberes.

Cuídate que de los buenos quedamos pocos es una expresión afectiva en la cual el interlocutor se incluye por entender que esta en el grupo de los buenos. Existe una versión que tiene cola y dice así: Cuídate que de los buenos quedamos pocos y estamos desacreditados.

D

De cien una y de mil ninguna: Las posibilidades que suceda lo deseado son remotas.

Del agua mansa me libre Dios, que de la viva me libro yo: es un llamado a estar alerta o ser cautelosos con aquellos que se presentan como gente calmada y tranquila.

Del lobo, un pelo aunque sea del rabo. Se refiere a una situación donde ganas menos de lo que esperabas pero no lo pierdes todo. Por ejemplo: juegas lotería y no te ganas el premio mayor pero cogiste reintegro.

Del mismo cuero salen las correas. De la materia prima, salen los accesorios.

Del mar el mero y de la tierra el cordero.

De tal palo, tal astilla: Se refiere a que el hijo es como el padre.

Dios no le da alas al animal ponzoñoso: se refiere a que el malo NO tiene poder absoluto para hacer el mal.

Dios quiera que tu guarapo siempre tenga hielo: puede indicar una bendición o puede usarse en sentido irónico" ojalá que nunca necesites de mi.

Donde hubo fuego, cenizas quedan: Se refiere a que algo persiste de un amor o enojo del pasado. Se usa mas cuando es un afecto y los recuerdos son agradables.

Donde se caiga (el nombre de la persona) se escocota un mono. Se refiere a una persona que es muy lista o ágil.

Dondequiera se cuecen habas. Hay mal ratos y disgustos en todos lados. No hay nada perfecto en este mundo.

E

El amor entra por la cocina. Se decía en aquel entonces que la mujer debía cocinar y cocinar bien para que su marido estuviese contento.

El amor y el interés se fueron al campo un día y más era el interés que el amor que le tenía. El mensaje o enseñanza es: pon esa relación a prueba hasta que verifiques que es amor y no interés.

El burro adelante pa' que no se espante y la yegua atrás pa' que no tire patás. Es una forma jocosa de corregir la gramática de una persona. En nuestro lenguaje cuando estamos narrando un acontecimiento, es costumbre de que el narrador no se nombre primero. Se dice: "mi hermano y yo, ..." no, "yo y mi hermano".

El muerto al hoyo, y el vivo al retollo. Se refiere a que la vida continúa.

El ojo del amo, engorda el ganado: Te advierte a valorar tus posesiones.

El papel lo aguanta todo. Es mucho más fácil escribir todo lo que uno siente, que decirlo frente a frente, en persona. No tengo una idea quien me enseñó este refrán, pero he comprobado que es cierto. El papel no se queja, y puedes escribir en el hasta que te duela mano. Te desahogas y luego lo puedes tirar a la basura.

El que no tiene dinga, tiene mandinga. Se usa para indicar que nadie es perfecto.

El que no llora, no mama: La gente no puede leer tu mente, si quieres, o necesitas algo tienes que pedirlo sino nadie te lo va a suplir.

El que quiera pescado que se moje el fondillo: Si alguien quiere o necesita algo tiene que trabajar y luchar por obtenerlo.

El que se pica es porque ají come: Se usa cuando una persona se ofende cuando alguien dice y ella cree que se refiere a ella.

El que tiene tienda, que la atienda o sino, que la venda: para que tus negocios te vayan bien, tienes que atenderlo personalmente, y no dejarla a cargo de alguien a quien no le cuesta o le importa.

El vago trabaja doble: se refiere a alguien tiene que hacer algo, pero por pereza lo hace mal, y tiene volver a hacerlo hasta que lo haga bien.

En casa del herrero cuchillo de palo: Es un refrán que se refiere a la paradoja de que falten determinadas cosas en un lugar donde deberían abundar.

Entre el dicho y el hecho hay un gran trecho. Esto me recuerda que podemos decir lo que nos de la gana, pero de "hacer" lo que decimos hay un buen tramo que recorrer.

Entre menos perros menos pulgas: es mucho mejor resolver un problema cuando no hay mucha gente envuelta.

Ese cuando no está preso lo andan buscando: Se dice de alguien que tiene mala fama y cuando lo buscan, nadie sabe donde está o que siempre está metido en problemas.

Es más fresco que una lechuga. Ser caradura o descarado.

Es más papista que el Papa: se refiere a personas que llevan las cosas mas allá de los límites.

Es más vago que la quijá de arriba. Indica que la persona se mueve muy poco, que es vaga y perezosa.

Es peor el remedio, que la enfermedad: Se usa cuando lo que parece una solución complica más la situación.

Está como el guineo maduro, engordando pa' morir pelao': Mi abuela siempre nos decía: "trabajas, trabajas, ganas dinero, y al final, mueres como todo el mundo, sin nada, no te llevas nada".

Está llorando lagrimas de cocodrilo. Se usa para describir a alguien que llora por hipocresía.

Está más jalao' que un timbre de guagua. Se refiere a alguien cuya apariencia física se ve débil, enfermo.

Está más perdido que un juey bizco: Indica que la persona no tiene idea de lo que hace o hacia donde va.

Estás como cucaracha en baile de gallinas! La persona se siente incómoda en la situación social en que se encuentra.

Esté salado o esté soso yo me lo espeto pero en cosas de matrimonio, yo no me meto. No intervengas en asuntos matrimoniales.

Explotó como ciquitraque: Reaccionó como pólvora envuelto en papelitos. Se molestó y actuó muy agresivamente. Lo sacaste de quicio!

F

Fue a bailar a la casa del trompo. Se usa cuando se quiere competir con el mejor.

Fue a buscar lana y salió trasquilao': cuando espera obtener un gran beneficio de una determinada situación, pero en realidad se pierde, o se recibe una desilusión o un desengaño.

G

Ganando indulgencias con escapularios ajenos. Se refiere a personas que quieren conseguir objetivos con un mínimo esfuerzo aprovechándose del trabajo y esfuerzo de los demás.

Genio y figura hasta la sepultura: es muy difícil cambiar las características de una persona

H

Hablando del rey de Roma y la nariz que asoma: Esta expresión, se usa cuando, durante una conversación, aparece de repente la persona de la cual se esta hablando.

Hacer de tripas corazones: lograr hacer con lo poco que tenemos lo mejor que podamos.

Hay gustos que merecen palos: se refieren que hay gustos que no tienen lógica para la persona que los observa.

H*ay que dar del ala para comer de la pechuga:* se refiere a que para poder obtener algo tu debes dar algo también. En este caso, lo que vas a dar es poco comparado con lo que vas a recibir. (el ala de un pollo tiene menos carne, que la pechuga)

Haz bien y no mires a quien, haz mal y guárdate!

Hijo de gato caza ratón: no te asombres si un hijo hace las cosas como sus progenitores.

Hombre precavido, vale por dos: Nos advierte que seamos cautelosos y vigilantes para no ser engañados.

Hoy por tí y mañana por mí. Esto se usa mucho cuando la gente te agradece un favor. Hoy tú necesitas, mañana puede que sea yo la necesitada. Es por eso que es bueno ayudarse los unos a los otros.

L

La curiosidad mató al gato: se le dice a una persona preguntona.

La cáscara guarda el palo: es una forma satírica de referirse a alguien que no tiene buena higiene.

La luz de 'alante es la que alumbra: significa que aprovechemos las oportunidades cuando se presenten.

Ladrón juzga por su condición: todos juzgamos basándonos en nuestras experiencias o percepciones. Otro refrán que es parecido en significado es; Todo se ve del color del cristal con que se mira.

La fiebre no está en la sabana: se usa cuando cuando buscamos la solución en el lugar equivocado. Sabemos que la fiebre no esta en la sabana sino en el cuerpo de una persona.

La mierda mientras más se menea más apesta: este refrán nos enseña a que no sigamos pensando en una situación que no salió bien. Cuando nos enfocamos en lo malo nos deprimimos y no salimos del estanque. Por esa razón no hay que menear, batir, pensar en esa situación porque NUNCA va oler bien. Hay que ponerle pichón y seguir adelante.

La yerba mala nunca muere. Este refrán tiene 2 connotaciones: una es negativa: la gente mala no se muere (Dios les está dando una oportunidad, aunque a nosotros no nos guste) y la otra es jocosa: "no te preocupes, que la yerba mala nunca muere" brindando consuelo al enfermo.

La sotana, no hace al cura, indica que porque el cura lleve sotana , no quiere decir que es confiable o es de fiar.

Le pican las pulgas ajenas: están pendientes de la vida de los demás.

Le pide permiso a una mano para mover la otra, o le pide permiso a una pierna para mover la otra: se refiere a la lentitud con que algunas personas toman acción.

Le salió el tiro por la culata: indica que lo esperaba no salió como lo esperaba, sino lo contrario.

Lo que nada nos cuesta hagámoslo fiesta. Se usa cuando las cosas que no nos cuestan ningún esfuerzo no son valoradas.

Lo cortés no quita lo valiente: nos enseña que nos juzguemos a una persona que es cortés, y calmada como un bobo o débil de carácter.

Lo que es del agua, el agua se lo lleva: lo que legítimamente le pertenece a una persona o lugar, tarde o temprano regresa a donde pertenece.

Los muchachos hablan cuando las gallinas mean, eso nos decían los adultos cuando interrumpíamos la conversación de los mayores.

Los pajaritos son más pequeños y van al río. Esto se utilizaba cuando una persona se sienta a pedir en vez de trabajar.

Lo que no mata engorda. Se usa cuando comemos algo que no debemos comer, pero nos lo comemos todas formas.

Llega como arrimado y quiere salir por dueño. Se refiere a gente que abusa de la confianza.. Otra versión es: *Le dan pon y quiere guiar.*

M

Mal de muchos consuelo de tontos. Se refiere a que una desgracia no es más llevadera cuando todos la padecen.

Mas rápido que ligero: Es algo que tiene urgencia y hay que actuar inmediatamente.

Más vale precaver que tener que remediar.

Más vale tarde que nunca: significa que se aprecia el esfuerzo que hizo aunque la fecha haya pasado.

Más viejo es el viento y todavía sopla: se refiere a que no porque algo sea viejo, hay que descartarlo todavía puede ser efectivo y de utilidad.

Matar dos pájaros de un tiro: resolver dos problemas con una acción o decisión.

Me ves con los ojos del alma: Favor que me haces. Estas frases se usan para responder a un halago con humildad.

Mono sabe palo que trepa. Cada mono conoce el palo que va a trepar. Y se atiene a los consecuencias si no lo sabe. También se usa para dar a entender que una persona puede ser muy valiente o abusador con un público y no con otro donde no tiene las condiciones a su favor. Su atrevimiento, abuso, o valentía tiene un límite porque 'Mono sabe palo que trepa.

Muchos caciques y pocos indios. Se refiere a que en una oficina o fábrica hay muchos jefes pero pocos empleados. Dicho de otra manera, es un lugar donde son muchos los que mandan y pocos son los que hacen el trabajo.

Muerto el perro se acabó la rabia, se refiere a la idea de que si eliminas la causa de un problema, el problema esta solucionado.

N

Nadie sabe lo qué hay en la olla, sólo el que la menea.
Este refrán significa, que en cada casa, o matrimonio
saben lo qué les sucede; los demás, NO. "Así que, no
seamos metidos, averiguaos o jueces. Otra versión es*:
Cada cual sabe donde le aprieta el zapato.*

Nadie se muere en la víspera Cuando escapas a un
evento mortal. Sugiere que no te toca, que todavía no es
tu tiempo.

No por mucho madrugar, amanece más temprano.
Indica que a veces nos precipitamos haciendo las cosas
rápido y nos salen mal. A lo mejor si planeamos las
cosas un poquito mejor y con calma, lograremos
realizar lo deseado.

No hay peor ciego que el que no quiere ver: indica que
no hay peor impedimento para aprender o ver la
verdad, que el hecho de no estar interesado en ver o
aprender.

No hay peor cuña que la del mismo palo. Se usa cuando
una persona que es de tu familia o raza te desilusiona o
te hace daño.

No es la flecha, es el indio. Este refrán alude a que no es
el objeto quién hace el trabajo sino la persona que lo usa.

*No todo lo que brilla es oro: invita a desconfiar de las
apariencias y, en su lugar, valorar la sustancia de las
personas y el mundo que nos rodea.*

No le pidas peras a un olmo. No le pidas a alguien algo que tú sabes que no te puede dar.

No es lo mucho sino lo seguido. Se refiere cuando hay alguien que coge temas y no lo suelta o que le gusta molestar a los demás.

No dejes que te metan los mochos: no dejes que te cojan de lo que no eres.

No te lambas que no es melao: Que no te ilusiones por algún comentario o mirada que pueda parecer una propuesta amorosa.

No se puede tapar el cielo con la mano: se usa cuando se quiere ocultar alguna situación para que los demás no se enteren pero que es tan obvio que es imposible de ocultar.

Nunca es tarde si la dicha es buena: se refiere a que nunca deberíamos dejar de hacer algo que siempre hemos querido realizar pero nos hemos sentido limitados por cualquier motivo.

No se puede estar en misa y repicando las campanas a la misma vez. No se pueden hacer dos cosas distintas a la vez porque una de ellas va a salir mal.

O

Ojos que no ven, corazón que no siente. Tu corazón no sufrirá, si no ves estas ajeno a lo que sucede.

P

Palo que nace doblao' jamás su tronco endereza: se usa para indicar que es imposible cambiar la naturaleza de una persona.

Para muestra con un botón basta. Denota que con un ejemplo es suficiente.

Para los gustos se hicieron los colores. No hay necesidad de discutir sobre los gustos o colores es una cosa personal.

Pensando en pajaritos preñaos'; se usa cuando la persona esta distraída.

Pesa más que un matrimonio mal llevao'. La carga emocional o física es pesada.

Perro que ladra no muerde: persona que pelea, se altera, y tal vez infunda miedo con su vociferación, pero la realidad es que todo es una fachada, no tiene nada de acción. Otra versión de este refrán es: *mucho ruido y pocas nueces.*

Pa' que falte, que sobre. Se usa a la hora de cocinar cuando echas un poquito más de arroz o habichuelas, por si alguien llega a la hora de la comida.

Predicar la moral en calzoncillos. Una persona que predica lo que no practica.

Pa la leche que da la vaca mejor que se la mame el becerro: esto es cuando hay alguien poco cooperador que para lo que aporta mejor que no coopere.

Q

Quedarse sin la soga, y sin la cabra: A veces por avaricia la gente se queda sin la soga y sin la cabra. Pierde lo que tenía y no obtiene lo que deseaba. Es un llamado a ser cuidadosos.

S

Sarna con gusto no pica... y si pica no mortifica: Cuando hacías algo que podía tener consecuencias pero si lo querías mucho, las consecuencias no te importaban.

Se defendió a capa y espada: defendió sus ideas con convicción.

Se juntó el hambre con la miseria: Eso refiere a que las cosas estaban mal y ahora están peor. Otras versiones son: *Éramos muchos y parió Catania*: se refiere a que habían muchos problemas y ahora llega otro más. *Se juntó el hambre con las ganas de comer.*

Se viró la tortilla. Cuando las cosas nos salen al revés de lo que esperábamos.

Siempre buscándole las 5 patas al gato: se aplica cuando alguien intenta complicar algo simple o demostrar lo imposible.

Son uña y carne: son inseparables.

I

Tanto nadar para morir en la orilla: Se usa para referirte a que alguien o tú mismo has hecho un esfuerzo muy grande por lograr algo y el resultado final es infructuoso.

Tanto va el cántaro a la fuente hasta que al final se rompe. Se refiere a cuando hacemos muchas veces algo peligroso, hasta que finalmente nos llegan las consecuencias. Otra version es: *Tanto está dando el agua en la laja hasta que se rompe.*

Todo lo que sube baja. Este refrán se usa mucho en ocasiones cuando la gente se olvida de sus raíces.

U

Un clavo saca otro clavo...pero deja moho. Este refrán se usa cuando te separaste de tu pareja. Te puedes conseguir otro/otra más, sin embargo, los recuerdos del anterior estarán presentes. El moho se refiere a los recuerdos que te abruman.

Un lugar para cada cosa, y cada cosa en sitio.

V

Ven a uno pelú, y se creen que es carnero. Esto es para los que les gusta subestimar a los demás por su apariencia. Otra versión es: *El hábito no hace al monje.*

Vísteme despacio, que voy de prisa: haz las cosas bien desde el principio para que no las tengas que repetir. Cuando más prisa tienes, más cuidadoso debes ser.

Y

Yo se como se bate el cobre: se usa usualmente cuando una persona entiende como son las cosas o situaciones en un lugar.

Gracias un millón! Esperamos lo hayas disfrutado!

Printed in the USA
CPSIA information can be obtained
at www.ICGtesting.com
CBHW051937180724
11797CB00031B/557

9 781964 810966